Oskar Pastior · Urologe kuesst Nabelstrang

OSKAR PASTIOR

UROLOGE KUESST NABELSTRANG

Verstreute Anagramme
1979 - 1989

MaroVerlag

IRIS KARIN ROSALINDE HENNING

INNIG NAH KLEINER OSIRIS-RAND
RISIKO NIRGENDS – HIRN IN AALEN
KORRIGIER: »N HASEN SIND ANILIN«
HIN KANN ADONIS RIESLIG IRREN
NIHIL IN RIO – SIRENES DANK-GARN
SING IN DEIN ANIS-HORN RAR, KIEL
LASS DEIN INRI-KINN, GIER AHORN!
RINNSAL SEIN KNIE – DAHIN RIGOR

(18. JULI 1979, MOORLAKE)

HOCHZEITSFEST: EVA-MARIA UND GERALD

Horaz, das ist meeglaf durch venetiA
O dual ist der variazagen feht scheM
Chaos feudal verzehrend »tat« igismA
Hoch vale um das diare fest tanzigeR
Zu scharm: ode den ferstival-agatheI
Es drei-facht into zeder-gaums halvA
Iriszet cheval hat der fedsmog an aU
Tuasch: davor als grazem heid-tiefeN
Sedies zeug-hirn, mache travolta faD
Fulres herz dacht aviatien: das moeG
Eva sah gas torn flizum deich adertE
Seezunge ha vom rida ist dach-falteR
Testimonia gravez: das her-fleuch dA
Er ziehet mon-tags verdiad auf schaL
Vom hefe-latinit zur saege da schraD

(akrostichon-anagramm zum 26.4.1980)

Johann Peter Hebel

Help, Enten-Bojar, he
Phon-Nabel, jeher Te-
lepath bej Eenhorn!
Het Elbe-Phren, no ja,
phalben Heroen-Jet...
Ja, Herpe lehnt oben,
the Bel Pre-Jona-Hen...
Hepner-Jota, belehn
Plebejer-Hahn – toen!
Athen per Boje? Nehl.
Ja, het Poren-Blehen
hat Nebel – je phoner,
je Pan (the Belohner),
bahnet jene Holper
herb, ahnt jene Pole,
jenen Hepta-Hobler.
Ja, er lebt ohne Pehn –
Pater John, Le Behne.

(Rom 1984)

Urologe kuesst Nabelstrang,
suess bellt Kontergan-Rogau –
besegle Kunos Strangulator!
Arge Gunst bot Ankers Leu-Los,
Bakus neue Sorge rollt – Angst
gruesst Banat: Ergelunk, Solo,
Sog, Brust, Leut, Senker, Analog…
Kannst los so – Baeuerle gurgt,
o arglos Kuenste… Lunge barst
kunterbunt, also Geos Gral, es
graute Nuss… Bootskerl, leg an
allen Gutes (Kobras, Stoerung)
glaubte Tones Kronglasur es
(nur Kralle beugt Nase – Ost-Sog)…
Aber nun legt Astrologus kes-
se Globalstrategen – Orkus un-
getruebter Slogans: Sau-Klon
Runkelruebe – Stoss Golgata
engros an Saugkost, Bluetler
– aeusserst langer Blut-Kongo.

(Rom 1984)

Der Regulator schnappt zu –
Rapport luegt zur Schande,
zeugt und sperrt – ach, »parlo«…
Rar stuelpt Zunge pro Dach
Razor-Sprache, Tugend-Pult
stolz archend – Guru-Trappe!
Schau, trotz Rappele-Grund
popelt der Urschanz – graut
Salpeter? Zucht und Rograp-
Repro hat Putz Glurascend
Sturzpracht an Gel – pur Deo
partout den Plugar-Scherz,
Erz Psalter Docht Punguar.

(Rom 1984)

Hass ist ein Nacktbadeverbot –
da steht sein Barackenbovist,
vorn bedeckt ist Basis nahe; Taverne Thanatos dickt – beiss ab.
Bin Eidechs, Vaters Tabaksnot.
Vereint doest Sinkbach – basta.
In Batterien hat V-Deck Bassos
Standort – Nivea schiebt es bak,
kniet vorbei, acht Stab Sandes.
Nie sind Skat-Vetos beachtbar.
Erb-Anaesthesist Divan bockt
Kasein-Verschnitt Bast-Ode ab.
Dort stinke Vanitas' Schabe, besonders Avis-Ebbe, nicht Takt.
Brav stoesst in Backen, die hat
Einheits-Sack, Verband tost ab.
Da, sechs Novitaeten stark, bibbern sie kisch, beta, satt – davon.

(Rom 1984)

Er darf einem Daumen nicht ausweichen
– wenn deine Fauche am Schein mir dauert.
Nein, Damm-Weiten fuer Dauer-Schach in
deinem weichen Radar-Schaum tun fein!
Im Ernst: mich waden unfeine Dachauer,
die Achat-Eier wimmern und schnaufen
(Schafe, an Wunder reich, atmen die im Nu).
ein Schauer reicht fad an Immun-Wende.
Rasch, mach deinen Mund nie weiter auf!

(Rom 1984)

»Wirklich? Oder hat es ihn bestimmt?«

Immer ist kein Lob. Dich steht wahrlich im warmen Brot. H heisst Edikt, atmet im Drechsel, hirnt Hiobs Wickelschirm mit sehr »Bio-D«-Watte hin. In Wahrheit kommt er. L beisst dich. Weiches stimmt Rohheit dir blank, Blankes stimmt dir Rohheit weich. Tod mit Kehrreim – wischst nie halb! Ha, dort im Kib ist wesentlich mehr hohe Scheide – Bit nimmt was klirrt, schiebt Maske. Mir dient hohl Wirt: Hirn-Bird – wo Aesthetik schimmelt. Was ich bin, ist Kehl-Mord-Mitte. Her hatte es ihn sommerlich bewirkt, direkt mit der Schmalheit – bis wohin?

(Mit einer Zeile von Ian Watson, Rom 1984)

Eines Tages lange Reise in die Nacht

– einer Schlange, sagte Nina; die Seite
reicht in diese Nasa eines angelegt
leichten Geister-Indiens: Aeneas-AG!
Ich lese: »Eigengnade I-A« – interessant.
Danach sei Gestern! – eignet Lenia sie
in eines Deltas Steineichengarage:
eigentlich sendet es seine Niagara-
Sicheln in eine garstige See: andate!...
Die »reine Sage an sich«: Instantgelee.
Hagens acide Senate – eine Rangliste.
Nein, ich saege das erste in Gelatine,
dein Reagens-Teil in Aengste, ach sie
entgasen Alis in Saergen, die Teiche
cines acteren Schlags in die Gitane!

(Rom 1984)

Glaubst du wirklich ans Anagramm?

Was durch Grammatik in Blau-Glans
Kwalman ist und grauslig machbar,
ist auch grand Wurm im Balg Lakans:
KRI-UL! – das Amalgam schwingt unbar...
Langsam wankt dir Barium-Gulasch,
dann balgt mich Garaus Wir, ulksam,
am LTI-Saum... Birg durch Anklang, was
Kabalas Ring am Ding schult... Warum
bringst du Maschkura, walming Aal?
Maul kann Album, das irrwischt Gag,
Dali an Schaumburg wirkt samlang;
Balsam-Wirkung nur hat Glamidacs.
Knagt Walb-Schrad Aluminiumsarg,
dankt Bigaga Schwans Lirumlarum.
Niagara (Skandal!): Gribs, Wucht, Mulm...
Bangst du wirklich um Garn-à-Salam?

(1985)

Autorenbuchhandlung Berlin

Arno, Uhu, Benn – Dichterballung!
Bring du Annalen, Huchel, Butor,
Brentano, Rahel, Chung Bu und Li,
Grubental, Undine, Harun, Bloch,
Broch und Nil – nur Luna geht baden...
Lang du 'nen Borchert hin u. laub
dir auch 'nen Roth. Blau nun gelb
indulgente U-Bahn – halb Cornur,
halb Lauch... Bring nun No-Deuter,
Tribuene, Bruno, Dung, Nachhall,
Tabu albern durch... Hin, o Lungen-
Buendel – Tabularchin Hornung
ragt in Unheu, Born, Lab und Elch:
hauch nur!... Logen in bald bunter
Treu – belohn dich... Urban lag nun
Torgau, Handliber, Hunnenclub;
Catull bog Buhnenhund, Rainer
rollte in Abbundgruen an – huch!
Hat Reuchlin-Bonn grad Bunuel?
Oder buht Nanni Nullgebrauch?

(1986, zum Zehnten)

Anomalie

Aloe an mi-
nimale Oa-
monaelia:
mal ein A, o
Lame Iona
Mail, o Ane-
mone Alia!
A, einmal O-
Limonae A-
nima, o Lea-
molie an A-
na Moleia!
Olé, Manía –
leo an Mai!
Anale mio
eo malina!
Elaminoa
ea Milano –
ein Alamo-
Ilm: A one A,
aliam Neo-
Lana Oemi!
Oma Linea
nia le amo
mano aeli,
nie Alamo,
nie Moala,
o, Alamine!
Mao, Nil, Ae-
li Manao, E-
oma Aline-
ale mnio A-
naloima e
Olea Mani…
Ilomanea
al maione:
noli ma ea –
o ein Lama!

(Berlin 1989)

I
Und scheert ihr Rosenbaertlein ab

beherrscht – und in Aortas Beinleiern
erscheint unterhalb der Borsa ein
herber Birnentoeter: andalusisch
lehrt er das rohe Biscuit a) brennen
b) sich in der Thora Treberle saunen
und c) bis hinter Laos Traber heeren...

Der Schaber ist bunt an Oelreihern.
Selbst Buchara erinnert die Rhone
an Serner, Du obst hirnreal (beichte
Brueter sich den Sinnhobel) – Errata
braute schon herein der Insel Trab-
schartenroste, bleiern; und ab hier
schraubt eine Reibnadel Herrn Ost
ins rabentote Rudel Bachreins her,
lehnt deinen Arroseur ab, schreibt
in sein Buch horrende Talare, erbst
Eulenschrot in Dr. Eisenbart: Herba-
riendotter suhlen Barbaren sich –

doch stubenrein lernte sie Rhabarber hochbuerst die Lianen starren, als Reseda-Hiob nur Nebentrichter beturnen – Sedans bilchrote Hierarchie: Bastberater, Nilhorndruesen stehlen (Runendietriche!) Barbarossa den Schnabel nur – theoriebeirrt dreht seine Nabelschnur er ab: Triolen herrasiert durch Biostaben Ensor – bleicher Hennendieb Tartarus!

Scheintote Bilder, Husaren, Barren – das Huennlein bohrerbar ist (recte braucht) Sonne, Hirtenleiber. Das Erloeschen beraubt es dann ihrer tribunalen Haeresie, schnorrt dir Betten ueber Dantons Leib: rascher, ihr Scharnierbeutelroben! hindert Sator an der Beulenbahn – er sei ritsch-ratsch dein »senteur habile« (Born) – er streicht Silben neu hoerbar an der Scharade, sirrt Nothebel in Rueben.

Sichelhorst – die Rauten bernern ab –
ein Raedelsschnitt Bauernbohrer;
da albern Hebrons Tuecher es in Tri-
buenen: ach, Sorben, dies Liter harrt.
(Tonsurbereit schaedeln Raben ihr
den Rueschenhals rein – Brotarbeit.)

Ein Strahlenbruch Abderiten; Eros
ein Brachland Stroh – er bereut sein
Baeuchlein anders, birst throener
Salben Rauch in Theben, er rodet, Sir,
dehnt Broschen, Alraune, ist reiber
als tauber Nierenstich drobenher
Schnuerleibbeine androht (Sartre).

Bastarde reiten Hornbreischulen.
Sonst bin ich er – der Rabenhaeutler.
Rauht Berlin? Es braet schon nieder.
Schnurrt leihbotenbares Ende, Air.

II
Und scheert ihr Rosenbaertlein ab

– schnurrt es, leihende Boten, airbar
beherrscht; und in Aortas Beinleiern
lehrt er das rohe Biscuit a) brennen,
b) sich in der Thora Treberle saunen.

Der Schaber ist bunt an Oelreihern,
Rostscharten, bleierne; und ab hier
herber Birnentoeter (andalusisch
scheintote Bilder, Husaren, Barren-

scharade) sirrt Nothebel in Rueben –
ein Raedelsbohrerbrauen. Schnitt.
Tonsurbereit schaedeln Raben ihr
den Rueschenhals rein – Brotarbeit,

ein Brachland Stroh. Er bereut sein
Buchara, erinnert selbst die Rhone,
leihbotenbar schnurrt es Air, Ende,
der Hobel Sichsinnbrueten, Errata.

(Mit einer Zeile von Unica Zürn, 19. März 1989)

Manche Widmung, manche Deutung

Aus laufender Arbeit tritt dann und wann, d. h. im Augenaufschlag eines Datums, auch gleich sein Adressat ins Blickfeld der Gelegenheit: indem ich mich ihr widme, widme ich ihn ohne weiteres dem Schreibvorgang, der plötzlich als Absender fungiert, d. h. sein Pilzgeflecht, das Myzel, an die zwei Finger hebt, grüßend – Etüde aus laufender Arbeit. Zwinkernd (weil eine Menge kritischer Mengen partizipiert) gerät schon die Bedeutungsferne einer Anzahl (Jahre, Buchstaben etc.) in die Nähe der Post: so angezurrt steht immer wieder auch der Autor wie gewidmet da – »Selbst Buchara erinnert die Rhone / an Serner...«

Jetzt streut natürlich die Chronologie ihre ungewidmeten Stückel drüber, als ob es sie (sowohl als auch) bereits gäbe. Ich frage mich beispielsweise, ob angesichts der chemischen Beschleunigung, mit der im Anagramm die Lesezeichen ihre physikalischen Plätze tauschen, überhaupt noch von einer Geschwindigkeit die Rede sein kann, wie altertümlich sie auch wäre.

Die Frage nach dem Witz, etwa am Rosenbaertlein – sieh da! sieh dort! – aus dem Amalgam gezogen: Was hat der Zopf des Herrn Baron mit UZ zu tun? Druck & Trug = wie gelegt, so getragen = assistance mutuelle, der Beistand des Hündchens beim Ertrinken. Es gibt nichts Adäquates, außer man tat es.

Auch wieder mal aus dem Schneewittchen die Lawine bezogen – alle Kreter haben Beine, die Assel lebt im Schlamm, Ehre ist mies. Jod & Nougat sind Endprodukte wie Ton & Jugend. Die Richtung des Herausziehens ist nichts als eine streunende Schneise (niederländisch »tra«, auch Lichtung), auf der ein Jeck Tore aufreißt und schießt, mal abba mal victoire. Im Projekt wird der Spieß tragisch gebrochen (Schischkebab) und die Nekropole zu einer Ratatuilerie des Nektars. Nun ja.

Der Deutungsimpuls macht nackt und sich breit. Er scheint nicht mehr meiner zu sein. Seit der Zeit, die er gefressen hat, scheut er die Richtungskonstante wie eine Cousine aus Konstanz. Sein Provisorat gerät ihm wider die Vernunft zum Feldspat das Anstoßes – absichtlich vermag er was er sonst nicht anvisieren mag weil er davon absieht sich zu unterscheiden: selbst der handgeknüpfte Teppich erinnert Hölderlin, das ist ein Taufwasser, an moderner Serielles, das ist Serum & Warner. Broz Tito oder Max und Moritz die Gaukler, Semmelbrösel und Titanen. Herr Ost – war das nicht ein Kanzlersprecher März 1989? Etwas weiter herwärts dann Gott Schiwachs: Nordast sucht Hebelbein – Asenspeer braucht also für sein Krückenholz beide (Johannes wie Petrus). Ja, der Deutungsimpuls ist das andalusische Hündchen im Auge / (Balken): Schnittlauch, auch ein Rosenbaertlein.

Zitiert, d.h. schier abgescheert von einem Brief des 4.6.1990 an Renate Kühn – als an ihr Anagrammprojekt »Writing without Apollo«, siehe Schreibheft Nummer 35.

Oskar Pastior
(Februar 1991, Berlin)

DIE TOLLEN HEFTE
werden von Armin Abmeier herausgegeben.
Das dritte Heft
OSKAR PASTIOR · UROLOGE KUESST NABELSTRANG
erscheint im Oktober 1991
gesetzt auf einem Macintosh SE/30
in der Berthold Walbaum.
Den Umschlag entwarf Rotraut Susanne Berner
unter Verwendung einer Zeichnung
von Oskar Pastior.
Die einmalige Auflage
beträgt eintausendfünfhundert Exemplare.
Weitere einundzwanzig Exemplare
sind numeriert und vom Autor signiert.
Ihnen liegt zusätzlich das
Titelgedicht in Rohfassung bei.
Den Druck auf Werkdruckpapier der Firma Schleipen in Bad Dürkheim
besorgte MaroDruck in Augsburg,
die Fadenheftung die Buchbinderei Lachenmaier in Reutlingen.

© 1991 MaroVerlag Augsburg
Alle Rechte vorbehalten

Die Deutsche Bibliothek – CIP Einheitsaufnahme
Pastior, Oskar:
Urologe kuesst Nabelstrang : verstreute Anagramme 1979 - 1989 /
Oskar Pastior. - Augsburg : Maro-Verl., 1991
(Die tollen Hefte ; 3)
ISBN 3-87512-603-3
NE: GT

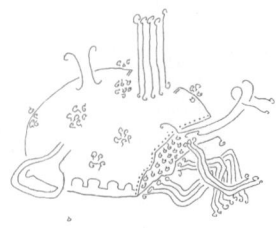

Eines Tages lange Reise in die Nacht

– einer Schlange, sagte Nina; die Seite
reicht in diese Nasa eines angelegt
leichten Geister-Indiens: Aeneas-AG!
Ich lese: »Eigengnade I-A« – interessant.
Danach sei Gestern! – eignet Lenia sie
in eines Deltas Steineichengarage:
eigentlich sendet es seine Niagara-
Sicheln in eine garstige See: andate!....

Oskar Pastiors *Anagrammgedichte* (1985) waren durch die Bank aus dem Buchstabenfleisch von Johann Peter Hebel geschnitten: 9 Monate Villa Massimo in Rom gaben den Inkubator dafür ab.

Gelegenheit mach aber Siebe – immer wieder gab es auch Seitensprünge: UROLOGE KUESST NABELSTRANG, d.h. verstreute Anagramme aus den Jahren 1979 - 1989 werden hier gebündelt. Hauptstück darin, nach einem Zitat der Chefärztin des Anagramms UNICA ZÜRN, ist der längere Anagrammtext UND SCHEERT IHR ROSENBAERTLEIN AB. Ein Nachwort dazu legt den Katheter an die Deutung und den Schluß nahe, daß sich das Pseudonym des Urologen wohl hinter dem abwesenden Apollo verbirgt.